伤 害

[英] 亚尼内·阿莫斯 / 著　　[英] 格温·格林 / 绘　　贾洪宝 / 译

知识产权出版社
全国百佳图书出版单位

比利的故事

放学了,大家跑出教室,冲进了操场。
"他在那儿——'小矮子'比利!"有几个男孩叫着。
比利假装没听见。

"嗨，比利，"一个男孩叫道，"地上有什么，'小矮子'？"其他男孩咯咯地笑起来。

像往常一样，比利眼里充满了泪水，脸也红了。可他们还在嘲笑他。比利越来越伤心，他转身对着那些男孩大叫起来："我恨你们！"

比利跑了起来，他心想："我如果不是班上个子最矮的，那该多好啊。"

回到家,比利撞开大门,又"砰"的一声关上,直接向自己的房间走去。他不想见任何人。

"嗨,比利!"爸爸在厨房叫他,"过来一下。"

比利走进厨房,把书包扔到了地板上。

"我恨自己长得这么矮。"他生气地把同学们嘲笑他的事告诉了爸爸。

"我很理解你的心情,"听比利说完,爸爸说,"我上学时也是班上最矮的。"

比利非常吃惊,他从没想到爸爸以前也长得很矮小。

这时,妈妈来到厨房,走到比利身边并吻了他一下。

"虽然你长得矮,但爸爸妈妈是非常爱你的。"妈妈对比利笑笑,接着说:"给你起的最难听的绰号是什么?让我猜猜——'小不点儿'?"

"是的。"比利说。

"'小矮子'?"爸爸猜道。

"是的。"比利笑着说,"还有'小蝌蚪'。"

"'小蝌蚪'?"爸爸妈妈一齐叫起来。

"这一定是最难听的了。再遇到别人叫你的绰号时,你不要理会他们,只想着这个名字是不是有趣就可以了。"妈妈说。

第二天一早,比利又遇到了那些经常嘲笑他的人。

"过来,'小不点儿'!"他们喊他。

但这次比利没把头低下,更没有跑开,而是想起同爸爸妈妈一起谈笑的情景。

"'小不点儿'是不好听,还是'小蝌蚪'更有趣!"他心里想。

想一想

你曾像比利一样被别人嘲笑过吗？很多人都曾受过嘲笑，特别是因为那些不能改变的状况——长相、身高等而被嘲笑，会让人更难过。

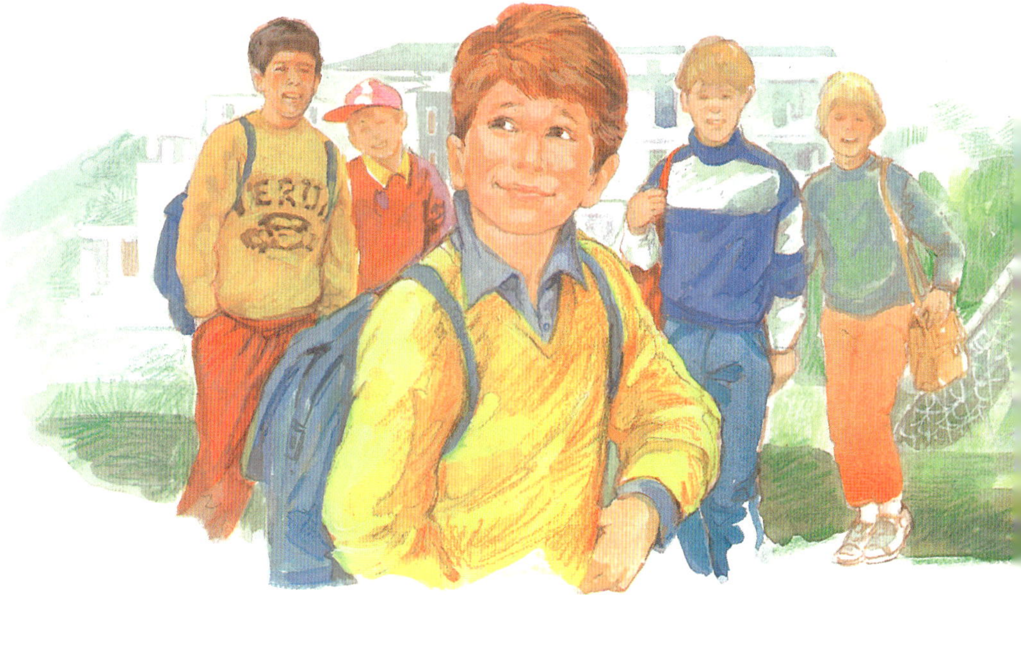

有的人认为取笑别人很有趣，他们喜欢看到别人脸红、伤心的样子。如果你受到了别人的嘲笑，被伤害了，尽量保持平静，不要让他们知道你很在意，这样，那些人觉得没意思，可能就不会继续伤害你了。

你也可以把自己遇到的难题告诉信任的人，比如像比利和他的爸爸妈妈那样讨论一下，一起想想应对的办法。

安妮的故事

安妮坐在电视机前,其实她并没有看节目,但又没什么别的事可做。

"安妮,来和妈妈说说学校里的事!"妈妈在厨房里叫她。

妈妈正在厨房里准备茶点,可安妮不想过去,什么也不想说。自从爸爸离开家以后,一切都变了。

这时,弟弟马修放学回来了。安妮很喜欢马修,不过这几天马修让她感到心烦,因为他总是说爸爸的事。

马修挨着安妮坐下:"这是什么节目?"
"嘘,别说话!"安妮严肃地说。她不想和马修说什么。

吃茶点时，安妮沉默不语，她知道一会儿爸爸就会来。每个星期五的晚上，爸爸会来接安妮和马修去度周末。他们会一起住在一套新公寓里，爸爸还会带他们去很特别的餐厅吃饭。

"安妮，你的东西收拾好了吗？"妈妈问。

"我不想去。"安妮说。

"可是你以前都是去的呀。"妈妈说。

"是的，不过现在我不想去了。"安妮答道。

妈妈坚持让安妮去爸爸那儿，没办法，安妮无精打采地开始收拾衣物。

"在爸爸那儿，"马修说，"我们不是过得很愉快吗？"
"哼！你懂什么！"安妮大声斥责马修。
马修的脸红了，他说："他毕竟是我们的爸爸。"

爸爸来了，他要拥抱安妮，但安妮根本不回应他。

"安妮，我们周末干什么？"爸爸问，"这次该由你决定了。"

"什么也不干！"安妮说。

第二天，安妮、马修与爸爸一起开车来到郊外。车停下以后，马修和安妮跑到车后面，他们看见爸爸拿出了两只大风筝。

马修兴奋极了。"谢谢爸爸！"他高兴地说，"我们现在可以放风筝吗？"

"当然，"爸爸说，"现在的风力正好，我教你怎么让它飞起来。"

安妮在地上拉着她的风筝，跟在他们后面。

马修很快就学会了怎么把风筝放起来。

"安妮，我们来放你的风筝，好吗？"爸爸说。

"不，谢谢！"安妮说。

"那好吧。不过，别这样拉着风筝，会弄破的。"爸爸提醒道。

"好的。"安妮轻声说。

安妮在山顶坐下来,她看见马修在远处放着他的红风筝。
"你不喜欢这份礼物吗?"爸爸走过来,陪在安妮身边。
安妮现在又生气又难过,都快哭了。

"你在生我的气吗?我知道,我离开家这件事伤害了你。对于不能每天同你和马修在一起,我感到很抱歉。"

"你再也不回家住了,是吗?"安妮问。

"是。"爸爸说,"不过我们每星期都可以见面,我保证。"

"这种伤害让我很痛苦。"

"我知道,"爸爸说,"你妈妈和我相互伤害了对方,现在我们又伤害了你。不过,无论如何,我们都像以前那样爱你。"

"听到你这样说,我心里舒服多了。"安妮说。

那天晚上,安妮睡觉前亲了亲爸爸。
"我忘了谢谢你送风筝给我。"她说。
"你喜欢它吗?"爸爸问。
"很喜欢。"安妮说,"不过,和你谈心的感觉更好。"

想一想

你曾像安妮那样被伤害过吗？如果你爱的人离开了你，虽然并不是你的错，但仍会让你感觉很伤心。

"诉说"可以使你的心情好起来，所以，情绪非常不好的时候，你可以找人说说心里话。

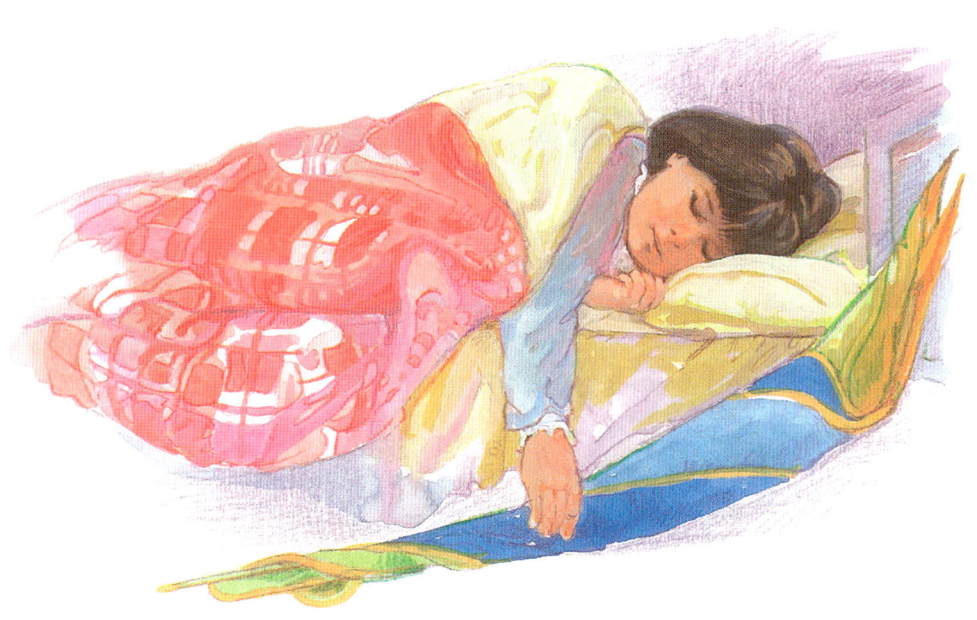

杰里的故事

杰里正在吃早饭,他很不耐烦。今天一大早,他就很忙,因为要和朋友马克一起去玩滑板。

杰里比马克小一岁,但他玩滑板玩得和马克一样好。他狼吞虎咽地吃了最后一勺玉米片,然后喝了一大口橘汁。

"嘿!哪儿着火了?这么着急,干什么去?"爸爸问。

"我和马克约好九点在街角见面,"杰里说,"我不能迟到。"

  杰里提前五分钟赶到了街角,他坐下来等马克。
  杰里一边站在滑板上练习平衡,一边在心里默数着红绿灯的变换次数。他看见有位老妇人在喂鸽子,看见了六辆红色汽车,还看见一队蚂蚁穿过了人行道上的裂缝……
  杰里等了很长时间,但马克一直没有来。

最后,等不及的杰里来到马克家,探头往窗户里看。"马克还在睡觉吗?"这样想着,他按响了门铃。

"你好,杰里!"马克的妈妈说,"马克不在家,他去公园玩滑板了。"

"哦?"杰里感到很奇怪。

杰里独自向公园走去，他的心情很不好。杰里可以肯定自己没有迟到，可为什么马克没等自己？是自己做错了什么吗？他怎么也弄不明白。

　　到了公园，杰里看见马克和其他几个男孩在一起玩，他慢慢地向马克走去。

"我一直在街角等你,"杰里说,"难道你忘了吗?"
"没有。"马克站在滑板上说,"我想你如果在那里等不到我,一定会到这里来的。让我滑给你看!"

杰里绕了几圈，就不想再玩了。

"我得去看爷爷，"他说，"再见！"

但是没有人留意他在说什么。

杰里的爷爷就住在旁边的小区。看到杰里，爷爷很高兴。杰里吃了几片饼干，又喝了一大杯牛奶，然后跟爷爷讲了马克的事。

"这件事让你感到受了伤害?"爷爷问。

杰里点了点头。

"我知道马克应该等你。"爷爷说。

"他昨天保证过的!"杰里感到很委屈。"他肯定认为我太小了,不想和我一起玩。"杰里推测。

"不,不是这样!"爷爷说,"你误会了。我想马克并不是故意的。你现在回公园去吧,他一定会和你好好玩的。祝你玩得愉快!"

和爷爷聊过以后，杰里的心情好些了，他拿起滑板又回到了公园。马克和别的孩子还在那儿玩，杰里站着看了一会儿，马克也看见了他。

"嘿，杰里！"马克叫道，"过来玩吧！"

杰里跑过去，和他们一起玩了起来。"爷爷说得对。"他心里这样想着，脸上露出了笑容。

 想一想

人们有时会在无意中伤害别人。马克没有对杰里信守诺言，虽然他不是恶意的，但无意中伤害了杰里。如果你受到了伤害，可以问自己一个问题：对方是故意使我生气的吗？你可能会发现对方并不是有意这么做的。

心情不好时，可以和熟悉的人在一起聊聊，就像比利、安妮、杰里那样，和亲人或朋友说说自己的烦恼，这会对你很有帮助。

图书在版编目（CIP）数据

伤害 /（英）阿莫斯著；贾洪宝译 . — 北京：知识产权出版社，2016.1
（我能管好自己）书名原文：Hurt

ISBN 978-7-5130-3318-3

Ⅰ. ①伤… Ⅱ. ①阿… ②贾… Ⅲ. ①品德教育 — 儿童教育 — 家庭教育 Ⅳ. ① G78

中国版本图书馆 CIP 数据核字 (2015) 第 014723 号

First published in the United Kingdom by Cherrytree Books,1990
Copyright©Evans Brothers Ltd.
This edition published under licence from Pila Books Limited.
This edition is only available for sale in Mainland China.

责任编辑：李 潇　　　　　　　　　责任校对：谷 洋
装帧设计：于 静　　　　　　　　　责任出版：刘译文

我能管好自己 ㉔

伤 害

[英] 亚尼内·阿莫斯 著　　[英] 格温·格林 绘
贾洪宝 译

出版发行：知识产权出版社有限责任公司	网　址：http://www.ipph.cn
社　址：北京市海淀区马甸南村 1 号	邮　编：100088
责编电话：010-82000860 转 8133	责编邮箱：elixiao@sina.com
发行电话：010-82000860 转 8101/8102	发行传真：010-82000893/82005070/82000270
印　刷：北京中科印刷有限公司	经　销：各大网上书店、新华书店及相关专业书店
开　本：787mm×1092mm　1/16	字　数：40 千字
版　次：2016 年 1 月第 1 版	印　张：2
ISBN 978-7-5130-3318-3	印　次：2016 年 1 月第 1 次印刷
京权图字：01-2015-0602	定　价：9.00 元

出版权专有 侵权必究
如有印装质量问题，本社负责调换。